John Parkin & Gaia Pollini

Dane-se!

Um pequeno livro
Uma grande sabedoria

Título original: *The way of fuck it*
© 2009 by John C. Parkin and Gaia Pollini
Originally published by Hay House UK
All rights reserved.

Direitos da edição em Português © 2011
Editora Vida & Consciência Ltda.
Todos os direitos reservados.

Capa e ilustração da capa: Marcelo da Paz
Adaptação de capa: Vitor Belicia
Tradução: Nilza Laiz Nascimento da Silva
Diagramação: Cristiane Alfano
Revisão: Juliana Rochetto Costa

1ª edição — 1ª impressão
3.000 exemplares — outubro 2011

Dados Internacionais de Catalogação na Publicação (CIP)
(Câmara Brasileira do Livro, SP, Brasil)

Parkin, John / Dane-se: um pequeno livro, uma grande
sabedoria / John C. Parkin & Gaia Pollini ; tradução Nilza Laiz
Nascimento da Silva. São Paulo : Centro de Estudos Vida &
Consciência Editora.

Título original: The way of fuck it.
ISBN 978-85-7722-126-4

1. Autorrealização - Aspectos religiosos 2. Exercícios espirituais
3. Vida espiritual I. Gaia Pollini. II. Título.

10-09575   CDD-204.2

Índices para catálogo sistemático:
1. Autorrealização : Aspectos religiosos : Cristianismo 204.2

Todos os direitos reservados. Nenhuma parte desta edição pode ser utilizada ou reproduzida, por qualquer forma ou meio, seja ele mecânico ou eletrônico, fotocópia, gravação etc., tampouco apropriada ou estocada em sistema de banco de dados, sem a expressa autorização da editora (Lei nº 5.988, de 14/12/1973).

Este livro adota as regras do novo acordo ortográfico (2009).

Editora Vida & Consciência
Rua Agostinho Gomes, 2.312 – São Paulo – SP – Brasil
CEP 04206-001
editora@vidaeconsciencia.com.br
www.vidaeconsciencia.com.br

*Dedicado ao numeroso
exército de adeptos do estilo Dane-se! de viver.*

www.thefuckitway.com

Sumário

Introdução   7

Um pensamento inspirador com uma ilustração bacana   14

Outro pensamento inspirador com uma ilustração bacana   16

Ah, quer saber? Dane-se! Você já pegou o espírito
da coisa, não é?   18

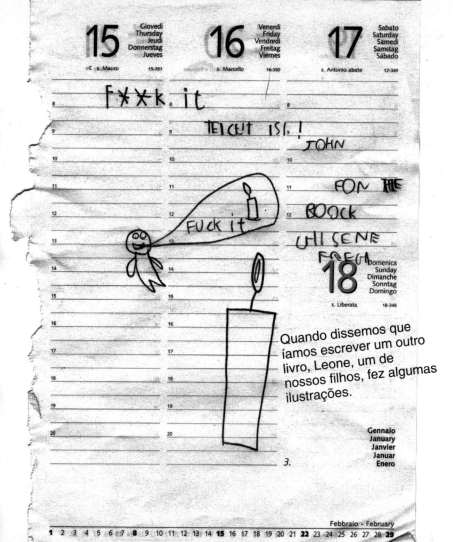

Quando dissemos que íamos escrever um outro livro, Leone, um de nossos filhos, fez algumas ilustrações.

INTRODUÇÃO

O estimulante processo de reunir material para este livro tem sido um contínuo exercício de simplificação. Mas é muito difícil descartar ideias. Então, pensamos em escrever uma introdução que falasse sobre o processo de livrar-se das coisas, e que ao mesmo tempo pudéssemos nos referir a algumas delas que descartamos... Dessa forma, nos enganamos um pouco, na ilusão de que não as descartamos. Percebem?

A mente é muito complicada: você precisa mantê-la feliz, de um jeito ou de outro.

Um exemplo de como simplificar as coisas: eu me lembro que a sigla K.I.S.S. (a palavra *kiss* significa beijo em inglês) era muito usada nas apresentações de PowerPoint há alguns anos. K.I.S.S. significa **K**eep **I**t **S**imple, **S**tupid (Mantenha as coisas simples, seu idiota!). Penso que a vírgula seja absolutamente necessária, pois, do contrário, a frase poderia ser entendida como "Keep it Simple and Stupid" (Mantenha as coisas simples e idiotas), o que (provavelmente) não seria o caso. Hoje, eu adoro esse princípio, é claro, mas será que a pessoa que inventou isso tinha que usar o adjetivo "idiota"? Por que ele (eu suponho que tenha sido um homem quem escreveu) tinha que ser tão agressivo? Se uma mulher tivesse escrito isso, acredito que a sigla ficaria assim: K.I.S.S. — Keep It Simple, Sweetheart (Mantenha as coisas simples, benzinho).

"Ah, claro", eu responderia, "obrigado pelo conselho, vou tentar". Em vez da minha resposta muito mais alfa ao original *Keep it Simple, Stupid:* "Não me chame de idiota, ou você vai se arrepender!".

Bom, de qualquer forma, esse processo de simplificação também reflete nitidamente o processo todo pelo qual passamos com o Dane-se! Eu me pergunto se teria sido possível alcançar a compreensão de que essa expressão profana é capaz de criar profundas mudanças em nossa vida e de que pode realmente constituir-se num processo espiritual... sem os 20 anos de estudo sério de meditação e filosofia oriental, sem o esforço e empenho na busca por respostas e clareza.

Quem sabe?... O que com certeza acontece é que dizer Dane-se! nos proporciona um atalho maravilhoso, quase milagroso, de libertação em nossa vida.

Talvez essa seja uma simplificação muito exagerada, mas eu poderia sugerir que essa profanidade bem ocidental resume o que há de melhor na sabedoria oriental. E faz isso porque — de forma quase singular em nossa linguagem (ocidental) — ela contém a sugestão implícita de que as coisas não são tão importantes quanto pensamos que são. Em duas palavras, percebemos que nossos problemas surgem porque levamos as coisas a sério demais e que livrar-se dessa seriedade, desse sentimento de que as coisas são importantes demais, pode trazer libertação e gerar mudança em nossa vida. Era isso o que os budistas queriam dizer com toda aquela coisa sobre apego e sofrimento. É verdade. Pode ser difícil colocar tudo aquilo na cabeça, ao passo que utilizar o Dane-se! não é complicado. Todos nós entendemos, instantaneamente, por que dizer Dane-se! funciona tão bem para criar mais liberdade em nossa vida.

Portanto, você pode fazer com a sua vida o mesmo que fizemos com a nossa, com o processo do Dane-se! e com o que mostramos neste livro. Evidentemente, você pode estudar todas as filosofias orientais também, ler todos os livros de autoajuda, fazer terapia, mas continue voltando-se ao básico, ao simples. E não há melhor caminho para fazer isso do que com um

Dane-se!

Por isso, dê uma olhada aqui em alguns dos desenhos com os quais brincamos (e descartamos), incluindo alguns dos desenhos dos nossos meninos (que, muito lindamente, sempre se referem a essa expressão com o seu sotaque italiano acentuado).

O que deixamos para você, leitor, no final das contas, é o conceito em seu estado mais puro: rápidas e poderosas ideias de como utilizar o Dane-se! em sua vida, no dia a dia.

Leia o livro do começo ao fim se desejar. Ou abra-o aleatoriamente e descubra o que é bom para você naquele momento. Esse último processo funciona milagrosamente como um tarô, fornecendo-lhe a mensagem apropriada, o ensinamento que você precisa naquele exato momento.

Mais uma coisa sobre o processo de reunir material para este livro: tem sido uma alegria poder fazer tudo isso juntos, eu e Gaia (em vez do processo habitual de escrever sozinho...), sentados, olhando pela janela para as colinas e imaginando como ilustrar cada uma das ideias... sempre pressionando um ao outro por ideias cada vez melhores (que, com frequência, incluíam respostas como esta, possíveis apenas entre marido e mulher: "Não, isso é bobagem. Que tal esta outra?"). Foi ótimo.

Acabamos deixando o livro de um jeito que curtimos e, com a ajuda inspiradora e incentivadora de nossos editores, estamos entregando a você exatamente da forma como queríamos.

E, como ex-publicitários, precisamos enfatizar que esse não é um resultado tão comum, acredite!

Portanto, mergulhe. Ao folhear, comece a desencadear a magia do Dane-se! em sua vida. E é mágico, você logo perceberá. Vamos repetir novamente, em nome do sagrado processo de mantê-lo simples, verdadeiro e poderoso: por favor, abra e comece a liberar a magia do Dane-se! em sua vida.

Pausa... mais tarde....

Escrevemos essa introdução no avião de volta para a Itália. Ao chegar em casa, descobrimos que Arco, um de nossos meninos, tinha feito um desenho para o livro (na página ao lado)... um mágico liberando a "magia do Dane-se!" (palavras dele) sobre alguém. É espantoso, essas coisas surpreendem até a nós, às vezes. Achamos apropriado iniciar o livro com uma contribuição mágica do nosso Arco.

Abraços,

John, Gaia, Arco e Leone

Comece a liberar agora a magia do Dane-se! em sua vida.

Dane-se! para os planos de hoje. Abra-se para algo espetacular que possa acontecer.

Dane-se!
Aceite as coisas do
jeito como elas são.

Você não tem que fazer tudo certo o tempo todo. Dane-se!

Não se importe com o que os outros pensam de você.

Pare de julgar tudo e todos.
Dane-se! Julgar é um porre!

Dane-se!
Não faça hoje o que pode
ser feito amanhã.

Dane-se!
Coma o que tiver vontade.

Dane-se!
Compre o que tiver vontade.

Dane-se!
Confesse uma mentira
que contou.

Dane-se!
Encontre-se com alguém
que não deveria.

Dane-se!
Abra-se para a ideia de
hoje conhecer alguém que
poderá mudar o modo
como você vê as coisas.

Dane-se!
Contrate uma faxineira.

**Dane-se!
Contrate uma babá.**

Dane-se!
Sirva um cafezinho para alguém de quem você não gosta.

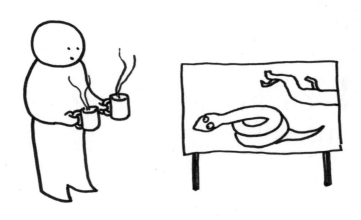

**Eu sou diferente. E daí?
Dane-se!**

Dane-se!
Dê o troco que tem no bolso
para alguém que precise
mais do que você.

Não se compare com os outros. Dane-se! Sempre haverá alguém "melhor" ou "pior" por aí.

Dane-se!
Fique na cama até se encher.

Dane-se!
Ligue para a sua ex.

Dane-se!
Sacaneie: coloque algo que você comprou em uma loja na prateleira de outra que não tenha nada a ver.

Qual é a situação em que você gostaria, mas não pode dizer Dane-se!?
E o que mudaria na sua vida se você dissesse?

Dane-se! aos sonhos perdidos.
Busque novos sonhos.

Dane-se!
Arrume as malas e viaje
sem destino.

Dane-se!
Viva como se nunca tivesse que pensar em dinheiro.

Se você percebesse que tudo não passou de uma ilusão, o que faria?

Dane-se!
Ignore as notícias negativas por uma semana.

Dane-se!
Viaje de primeira classe
sempre que puder.

Faça um aviãozinho com a página ao lado e o arremesse em alguém de quem você gosta.

Mensagem trazida pela
Dane-se! Airlines

Eu gosto de você.

Aquilo em que você acredita se tornará verdadeiro. Então acredite em algo absurdo.

Dane-se!
Invente um trabalho imaginário para ocasiões especiais: "Eu sou um dedetizador, especializado em exterminar baratas" (elas são uma das criaturas mais fortes e resistentes do planeta, sabia?).

Dane-se!
Reserve um quarto num hotel bacana para você hoje à noite.

Dane-se!
Assista àquele filme que você sabe que vai lhe fazer chorar.

Dane-se!
Vá à igreja e finja que está orando.

Dane-se!
Faça hoje aquilo que mais
lhe dá medo.

Dane-se!
Compre um jornal e leia-o
no McDonald's enquanto
come um Big Mac.

Talvez você não precise:
Ganhar tanto.
Alcançar tanto.
Fazer tanto.
Ser tanto.
Dane-se!

Dane-se!
Cancele sua carteirinha
da academia.

Você tem todos os motivos para não ser feliz, mas não precisa de nenhum para ser feliz.

Dane-se!
Brinque de esconde-esconde
com alguém.

Dane-se!
Durma em uma das camas
da TOK & STOK.

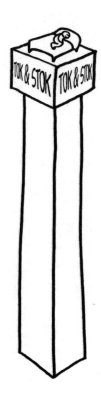

Dane-se!
Compre o livro que o
vendedor recomenda.

Dane-se! pra essa coisa de "amante perfeito".
Em vez disso, faça o que sentir vontade.

Dane-se!
Deite-se no chão, no meio
de um shopping center.

1. Diga Dane-se! e jogue fora a sua lista de "Coisas para Fazer".
2. Diga Dane-se! e jogue fora a sua lista de "Coisas para Fazer".
3. Diga Dane-se! e jogue fora a sua lista de "Coisas para Fazer".
4. Diga Dane-se! e jogue fora a sua lista de "Coisas para Fazer".
5. Diga Dane-se! e jogue fora a sua lista de "Coisas para Fazer".
6. Diga Dane-se! e jogue fora a sua lista de "Coisas para Fazer".
7. Diga Dane-se! e jogue fora a sua lista de "Coisas para Fazer".
8. Diga Dane-se! e jogue fora a sua lista de "Coisas para Fazer".
9. Diga Dane-se! e jogue fora a sua lista de "Coisas para Fazer".
10. Diga Dane-se! e jogue fora a sua lista de "Coisas para Fazer".
11. Diga Dane-se! e jogue fora a sua lista de "Coisas para Fazer".
12. Diga Dane-se! e jogue fora a sua lista de "Coisas para Fazer".
13. Diga Dane-se! e jogue fora a sua lista de "Coisas para Fazer".
14. Diga Dane-se! e jogue fora a sua lista de "Coisas para Fazer".

Dane-se!
Diga "sim" para aquilo que normalmente diria "não".

Dane-se!
Diga "não" para aquilo que normalmente diria "sim".

Você procurou.
Você fez terapia.
Você ganhou todas as medalhas.
Tudo isso para descobrir que
você já chegou lá.
Dane-se!

Dane-se!
Fique parado no lugar mais movimentado que encontrar.

Na próxima vez que não estiver a fim de fazer algo... Adivinhe?

Se você foi uma criança
malcriada ou levou as coisas
muito a sério, escreva 20
linhas dizendo Dane-se!
a todas essas coisas.

Eu digo Dane-se! a...
Eu digo Dane-se! a...
Eu digo Dane-se! a...

Dane-se!
Jogue a balança fora.

Temos algo surpreendente para compartilhar, mas alguns de vocês poderão achar difícil.
Dane-se! Vamos deixar ainda mais difícil...

A ideia de dizer Dane-se! vem da compreensão de uma ideia radical —
a de que todos somos um e, portanto, não existimos como indivíduos,
e de que o mundo como nós o conhecemos, a realidade como a
percebemos é apenas uma ilusão, e tudo nessa ilusão é simplesmente
um despertar da singularidade.
Todos somos, portanto, divinos.
Todos maravilhosos, ninguém bom ou mau, nada melhor ou pior.
Sem rumo, sem motivo, sem significado.
Apenas a Singularidade, a Unicidade, jogando consigo,
a Divindade Eternamente Masturbatória, se preferir.
Isso é muito difícil de entender.
De fato, talvez seja impossível.
Mas é, provavelmente, verdade... todas as grandes religiões e filosofias
apontam para essa verdade... todos os místicos, visionários, pensadores,
videntes enxergam a mesma coisa... a Unicidade.
Portanto, não se aborreça tentando entender. Diga Dane-se! por enquanto.
Mas, pelo menos, está dito. E um dia isso poderá ser entendido.

Quando as coisas derem errado, diga Dane-se! e siga em frente. Afinal de contas, ninguém morre por isso.

Quando as coisas derem errado e alguém morrer: entregue-se à dor.
Lembre-se o quanto você é feliz (por estar vivo).
De qualquer maneira, considere a possibilidade de que a morte possa ser algo bom.

A separação é uma ilusão.
É necessário uns bons Dane-se!
para perceber isso.

Dane-se!
Viaje para um lugar onde
nunca esteve.

Dane-se!
Pergunte ao seu melhor
amigo o que ele faria
em seu lugar.

Aquilo que você acha que é importante provavelmente não é.
Aquilo que você acha que é real provavelmente não é.
Aquele que você pensa ser você provavelmente não é.
Dane-se!
Simplesmente curta-se.

Dane-se! toda vez que sentir dor, e veja o que acontece.

Apenas faça!
Você não precisa usar tênis da moda ou começar a treinar para uma maratona.
Mas até que é uma boa ideia!
Dane-se!
Apenas faça! (*Just do it!*)

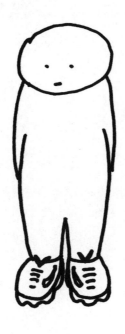

Dane-se! ao objetivo de ser feliz. Só de fazer isso, sem dúvida, você já vai se alegrar.

Não há diferença entre assistir ao jogo de futebol e meditar.

Se tivermos sorte, vamos do momento em que a vida nos leva (criança) para levarmos a vida (adulto), até voltarmos a deixar a vida nos levar (estilo "Dane-se!" de viver).

Dane-se!
Convide as Testemunhas de
Jeová para um cafezinho.

Faça só o que você gosta.
Goste de tudo que você faz.
Inclusive daquela bela cagada.

1

1 e 2: coautoria e ilustração de nossos filhos, Arco e Leone, de 8 anos.

2

Uma jornada de 1000 quilômetros começa com um simples passo. Mas daí serão 1000 quilômetros menos um simples passo para caminhar... que ainda é caminho pra caramba.

DANE-SE! VOCÊ JÁ CHEGOU LÁ.

Dane-se!
Escreva "AMOR" com uma caneta colorida sobre o seu coração.

Dane-se!
Escreva "EGOCÊNTRICO"
bem abaixo do seu umbigo.

Dane-se!
Escreva "PÉ NO CHÃO" nos seus dois pés.

Dane-se!
Diga "EU TE AMO" para quem você nunca disse antes.

Dane-se!
Faça o contrário do que
normalmente faria.

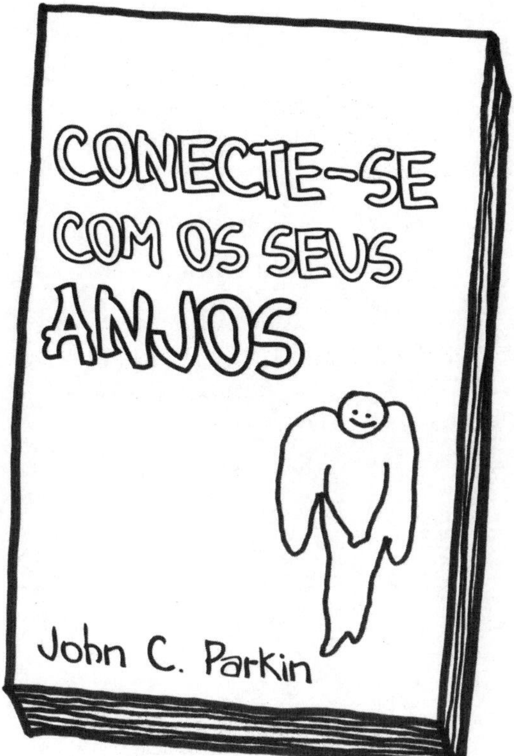
CONECTE-SE
COM OS SEUS
ANJOS
John C. Parkin

Dane-se! à excelência do trabalho: fique na média e comemore as suas fraquezas.

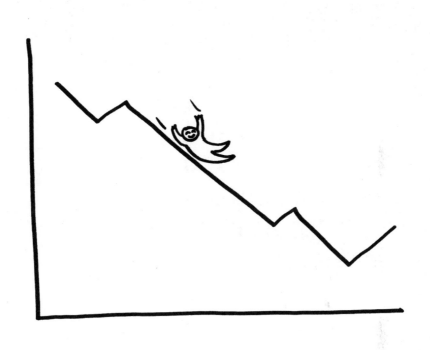

Às vezes, só o que você precisa é gritar, berrar e espernear feito um bebê. Dane-se! Siga em frente (mas talvez não em um ônibus lotado).

Há dias em que simplesmente tão certo. Dane-

as coisas
não dão
se!

Dane-se!
Não mande nenhum cartão de Natal este ano.
Se questionarem, diga que mandar cartões é prejudicial ao meio ambiente.

Agora vamos a um clichê, mas Dane-se! Pelo menos ele lhe faz pensar: escreva o epitáfio de seu túmulo.

FATO INTERESSANTE:
Quando você diz Dane-se! a qualquer coisa e acredita em si mesmo, ou se rende ao fluxo natural dos acontecimentos, você desliza (sem esforço) e entra em sintonia com a energia do Universo, a consciência, o Tao (se preferir) e, ao fazer isso, além de se sentir bem e parecer saudável, você começa a atrair milagres para a sua vida e poderá também se sentir com superpoderes. E isso é um fato!

Dane-se!
Lembre-se de que tudo aquilo com que você se preocupa não tem a menor importância no formidável plano do Universo.

Todas as coisas manifestam-se do nada. Deixe espaço, muito espaço, na sua vida.

Dane-se!
Aposte em alguma coisa em que você não tenha conhecimento.

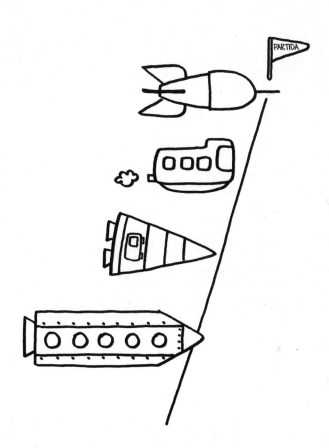

Hora para uma terapia:
a) remexa o seu passado;
b) descubra as razões para o seu sofrimento;
c) não se esqueça de culpar seus pais;
d) chore; chore muito;
e) pague; pague muito.

REMEXENDO O SEU PASSADO

Ou, então, você pode simplesmente dizer Dane-se!, colocar os pés pra cima e concentrar-se no que É, não no que FOI.

Dane-se!
No Natal, compre o melhor
presente para você mesmo,
e assegure-se de comprar
exatamente o que queria.

Dane-se!
Nós vamos lhe ensinar a melhor coisa que aprendemos nos 30 anos de meditação, 25 anos de tai chi e qigong, 10 (longos) anos de ioga, milhares de livros, e com a cruel Universidade da Vida: Você não tem que fazer nada para estar bem.

Tatue "Dane-se!", tire uma foto e mande-a, que nós a divulgaremos:
john@thefuckitway.com

Dane-se!
Procure o seu nome no
Google: entre em contato com
o "xará" que encontrar.

Todo sofrimento é causado
pelo apego.
Você ainda não percebeu isso?
Dane-se!

Dane-se!
Cantarole a música
Bohemian Rhapsody do
Queen no metrô, durante o
trajeto todo.

Se no início você não conseguir... desista.

Dane-se!
Não se preocupe em ser legal.

Às vezes, a única solução é:
Dane-se!...
Dane-se ELE, dane-se ELA,
e não apenas "Dane-se!".

Diga Dane-se! e vá embora.

Diga Dane-se! e fique.

Você não tem que lembrar
de nada do que foi dito aqui.
Você não tem que acreditar
em nada do que foi dito aqui.
Você não tem que utilizar
nada do que foi dito aqui.

Você sempre está no lugar certo, na hora certa.

Você sabe que não quer ir.
Então não vá.

Seja você mesmo.

Dane-se!
Feche este livro.
Dê de presente para alguém
que realmente precise dele.
E compre outro para você.

Dane-se! para essa história de ter que manter contato.

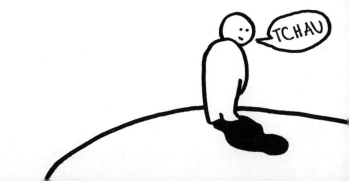

Este livro foi impresso em chenming 90 g/m² pela Gráfica Vida & Consciência.
São Paulo, Brasil, 2011.

Rua Agostinho Gomes, 2.312 – SP
55 11 3577-3200

grafica@vidaeconsciencia.com.br
www.vidaeconsciencia.com.br